ONE *deftig* POT

Bassermann

Inhalt

Waschen, putzen, schälen?

HÄHNCHENFLEISCH

Entgegen der weitläufigen Meinung sollte Geflügelfleisch auf keinen Fall gewaschen werden. Die Bakterien auf dem Fleisch würden sich durch Wasserspritzer nur weiter in der Küche verteilen. So gehen Sie am besten vor:

- Geben Sie das Fleisch mit einer sauberen Gabel direkt von der Verpackung in den Topf, auch das Abtupfen ist nicht notwendig. Die Gabel (oder falls benutzt auch Schneidebrett und Messer) gleich danach in die Spülmaschine geben. Arbeitsflächen mit heißem Wasser und Spülmittel säubern.
- Den Fleischsaft aus der Packung direkt in den Ausguss schütten, mit möglichst heißem Wasser nachspülen.
- Gefrorenes Fleisch abgedeckt im Kühlschrank auftauen, möglichst ein oberes Fach dafür nehmen. Das Fleisch sollte in einer Schale auf einem Abtropfgitter liegen.
- Das Fleisch muss beim Garen mindesten 10 Minuten eine Kerntemperatur von 70 °C haben. Achten Sie darauf, dass fertig gegartes Geflügelfleisch durchgehend weiß ist, auch an den Knochen. Blutiges oder rosafarbenes Fleisch ist noch nicht durchgegart!
- Beachten Sie beim Hantieren mit Hähnchen, sich immer wieder die Hände mit Seife zu waschen, um eine Verbreitung von Keimen zu verhindern.

FLEISCH VON SCHWEIN & RIND

Hier ist die Gefahr einer Erkrankung durch Keime wesentlich geringer als beim Geflügelfleisch. Trotzdem muss auch dieses Fleisch nicht gewaschen werden. Sollten Sie es aber lieber Waschen wollen, dann muss es danach gut trocken abgetupft werden.

GULASCH & GESCHNETZELTES

Auch dieses Fleisch sollten Sie nicht waschen, damit würde es nur wasserlösliche Vitamine, Eiweiße und Mineralstoffe verlieren. Wenn Sie Gulasch aus der Verpackung nehmen, das sehr gesaftet hat, sollte das Fleisch aber mit Küchenpapier abgetupft werden.

KNOCHEN garen meist stundenlang in der Suppe, ein Waschen ist auch hier überflüssig.

GERÄUCHERTES

Hier wäre waschen sogar schädlich, da Feuchtigkeit auf Geräuchertem das Keimwachstum anregen würde. Lagern Sie Geräuchertes trocken und kühl.

FISCH

Ein ganzer Fisch, der bereits ausgenommen wurde, sollte durchgespült werden, um Darmreste zu beseitigen. Ansonsten ist das Waschen von industriell verarbeitetem Fisch nicht notwendig, da die Keimbelastung gering ist und Fisch in der Regel durchgegart wird.

GEMÜSE, SALATE & OBST

Um Erkrankungen durch Keime zu verhindern, sollten Obst und Gemüse vor dem Verzehr immer gewaschen werden, das gilt auch für Bio-Ware. Grundsätzlich gilt: Waschen Sie kurz, aber gründlich. In der Regel wird erst gewaschen, dann zerkleinert, um Verluste an Inhaltsstoffen zu verringern. Waschen Sie erst kurz vor dem Verzehr! Kartoffeln, Sellerie und andere Arten, an denen oft Erde haftet, werden sicherheitshalber zweimal gewaschen, einmal vor dem Schälen und einmal danach. Küchenfertige Mischungen aus Blattsalaten und Rohkost sind sehr anfällig für Keime und müssen besonders gründlich gewaschen werden.

WASCHEN

Empfindliche Arten wie Salat und Beeren werden in einer Schüssel mit Wasser gewaschen. Feste Obst- und Gemüsesorten werden unter fließend kaltem Wasser gewaschen, evtl. gebürstet, das gilt auch dann, wenn sie hinterher geschält werden. Gut gewaschene Schalen, zum Beispiel von Kartoffel, Gurke, Möhre, Pastinake, können mitgegessen werden.

PUTZEN & SCHÄLEN

Hierunter versteht man das Entfernen von schadhaften Stellen und nicht essbaren Teilen wie Stielansatz, Kerngehäuse, Kerne, Wurzelansatz. Einige Beispiele:
Bei Tomate Stielansatz, bei Zucchini, Gurke und Aubergine die beiden Enden, bei Paprikaschoten Stielansatz, Kerne und die weißen Trennwände. Bei Möhren, Petersilienwurzeln und Pastinaken werden die beiden Enden entfernt,

außerdem werden sie geschält, bei jungen Möhren reicht gründliches Waschen meist aus. Bei Kohl und Wirsing werden die äußeren, groben Blätter entfernt sowie der Strunk herausgeschnitten — wie beim Fenchel auch. Bei Blumenkohl reicht es, nur das untere Ende abzuschneiden. Kohlrabi sollte man schälen, da ältere Schale oft holzige Stellen aufweist. Knollensellerie muss sorgfältig geschält werden. Bei Stangen- bzw. Staudensellerie werden die oberen Enden der Stangen sowie der Wurzelansatz entfernt. Bei Kartoffeln werden die Keimansätze und grüne Stellen entfernt, meist werden sie geschält. Bei Blattsalaten und Blattgemüse werden — soweit vorhanden — die Wurzelansätze entfernt sowie unansehnliche äußere Blätter. Generell gilt, dass viele Abschnitte und Schalen nicht weggeworfen werden müssen, sie können zum Beispiel zur Herstellung von Brühen genutzt werden.

KRÄUTER, GEWÜRZE & INGWER

Küchenkräuter sollten erst kurz vor der Verwendung zerkleinert werden, damit sich die aromagebenden Inhaltsstoffe nicht verflüchtigen. Zartblättrige Kräuter wie Basilikum, Schnittlauch und Petersilie kommen erst kurz vor dem Essen aufs Gericht. Kräuter mit festen Blättern wie Thymian und Rosmarin sollten länger mitgaren, ebenso Gewürze wie Kümmel, Nelken und Wacholderbeeren.
Ingwer schälen? Ingwer aus konventionellem Anbau sollte nach dem Waschen geschält werden, bei Bio-Ingwer reicht waschen, da gesunde Inhaltsstoffe direkt unter der Schale sitzen, wie auch beim Apfel.

Pasta mit cremiger Wurst-Fenchel-Sauce

ZUTATEN

1 Zwiebel
2 Knoblauchzehen
2 EL Olivenöl
4 Salsicce, ca. 250 g,
  alternativ grobe Bratwurst
1 TL Fenchelsamen
½ TL geräuchertes
  Paprikapulver
Chiliflocken nach Bedarf
1 EL Tomatenmark
50 ml trockener Weißwein
400 g stückige Tomaten, Dose
500 ml Hühnerbrühe
350 g Röhrennudeln,
  zum Beispiel Rigatoni
3 EL Mascarpone
2 EL Sahne
50 g Parmesan, gerieben
2 EL Basilikumblätter

Für 4 Personen

Vorbereitung: 15 min
Zubereitung: 8 min
Level: einfach

1 • Zwiebel und Knoblauch abziehen und fein würfeln. In einer Pfanne das Öl erhitzen. Die Würste aufschneiden und das Brät (das Wurstinnere) in kleinen Stücken aus der Pelle in die Pfanne drücken, ringsum anbraten.

2 • Zwiebel, Knoblauch, Fenchelsamen, Paprikapulver und Chiliflocken dazugeben und 2 Minuten unter Rühren mitbraten. Das Tomatenmark unterrühren und noch ca. 1 Minute mitbraten. Alles mit Weißwein ablöschen, stückige Tomaten und Brühe zufügen und zum Kochen bringen.

3 • Die Rigatoni untermischen und zugedeckt ca. 12–15 Minuten bei geringer Hitze köcheln lassen (siehe Packungsangabe), dabei ab und zu umrühren. Wenn die Pasta fast gar ist, Mascarpone, Sahne und 30 g Parmesan unterrühren und ca. 1 Minute mitgaren.

4 • Den Topf vom Herd nehmen, die Basilikumblätter unterrühren und ca. 2 Minuten ziehen lassen. Die Pasta abschmecken und den restlichen Parmesan separat dazu anrichten.

Pasta mit Gemüse

ZUTATEN

250 g Kirschtomaten
1 Zwiebel
2 Knoblauchzehen
1 kleine Aubergine
1 kleine Zucchini
1 Möhre
2 EL Olivenöl
1 l Gemüsebrühe
400 g Pasta, zum Beispiel
   Muschelnudeln
Salz, Pfeffer aus der Mühle
1 Prise Zucker
100 g vegetarischer Hartkäse,
   gerieben
2 EL Schnittlauch, in Röllchen

Für 4 Personen

Vorbereitung: 20 min
Zubereitung: 15 min
Level: einfach

1 • Die Tomaten waschen und halbieren. Zwiebel und Knoblauch abziehen und fein hacken. Aubergine und Zucchini waschen und sehr fein würfeln. Die Möhre schälen und in dünne Scheiben schneiden.

2 • Das Öl in einen großen Topf geben und erhitzen. Zwiebel, Aubergine, Zucchini und Möhre hineingeben und 2–3 Minuten anbraten. Knoblauch dazugeben, kurz mitbraten. Mit der Brühe aufgießen, zum Kochen bringen und die Pasta dazugeben.

3 • Etwa 10 Minuten (siehe Packungsangabe) garen. Dabei alle 2 Minuten umrühren. Falls nötig noch Wasser oder Brühe dazugeben. In den letzten 3 Minuten die Tomaten hinzufügen. Mit Salz, Pfeffer und Zucker abschmecken. Mit Käse und Schnittlauch bestreut servieren.

Pasta Bolognese

Rezeptbild auf Seite 4

ZUTATEN

1 EL Olivenöl
500 g gemischtes Hackfleisch
Salz, Pfeffer aus der Mühle
2 EL Tomatenmark
125 ml Rotwein
400 ml Tomatensauce mit
    Basilikum, Fertigprodukt
2 Zweige Rosmarin
500 ml Geflügelbrühe
375 g frische Pasta,
    zum Beispiel Fettuccine
250 ml Wasser
60 g Parmesan, gerieben
Petersilie, fein gehackt

Für 4 Personen

Vorbereitung: 5 min
Zubereitung: 17 min
Level: einfach

1 • Das Olivenöl in einem weiten Topf erhitzen und das Hackfleisch darin ca. 4–5 Minuten krümelig anbraten. Mit Salz und Pfeffer würzen. Das Tomatenmark hinzugeben, ca. 1 Minute mitbraten. Den Wein zugießen und ca. 2 Minuten verkochen lassen. Tomatensauce und Rosmarin zufügen und alles ca. 5 Minuten weiter kochen lassen.

2 • Die Geflügelbrühe zugießen, Pasta und Wasser hineingeben. Alles noch einmal 2–3 Minuten köcheln lassen, bis die Pasta bissfest gegart ist. Nochmals abschmecken, mit Parmesan und Petersilie bestreuen.

INFO

Parmigiano Reggiano ist die italienische Bezeichnung von Parmesan, der nur aus bestimmten Regionen Italiens kommen darf. Die Reifedauer beträgt zwischen 12 und 72 Monaten.

Reis mit Hähnchen und Paprika

1 • Das Hähnchenfleisch in ca. 2 cm große Würfel schneiden. Zwiebeln und Knoblauch abziehen und fein würfeln. Die Paprika putzen und in ca. 2 x 2 cm große Stücke schneiden.

2 • In einem Topf das Öl erhitzen, Zwiebeln und Knoblauch darin kurz anschwitzen. Paprika und Reis ca. 2–3 Minuten mitbraten, dann mit der Brühe ablöschen. Die stückigen Tomaten zugeben und alles ca. 10–15 Minuten köcheln lassen, dabei gelegentlich umrühren.

3 • Das Hähnchenfleisch hinzufügen und ca. 5 Minuten mitgaren. Die Erbsen untermischen, mit Salz, Pfeffer und Paprikapulver würzen und noch ca. 3–4 Minuten köcheln lassen, bis alles gar ist.

Rezeptbild auf Seite 72

ZUTATEN
400 g Hähnchenbrustfilets
2 Zwiebeln
1 Knoblauchzehe
1 rote Paprika
2 EL Olivenöl
250 g Reis
400 ml Geflügelbrühe
800 g stückige Tomaten, Dose
120 g Erbsen, TK oder Dose
Salz, Pfeffer aus der Mühle
1 TL Paprikapulver edelsüß

Für 4 Personen

Vorbereitung: 15 min
Zubereitung: 25 min
Level: einfach

Chicken Tikka
mit Reis

1 • Das Hähnchenfilet in ca. 3 cm große Stücke schneiden. Zwiebel und Knoblauch abziehen und fein würfeln. Den Ingwer schälen und fein reiben.

2 • Das Olivenöl in einem Topf erhitzen und die Fleischwürfel darin rundum bei mittlerer Hitze ca. 3–4 Minuten anbraten. Wieder herausnehmen. Zwiebel, Knoblauch und Ingwer hineingeben und 2–3 Minuten andünsten. Gewürze und Tomatenmark unterrühren und kurz anrösten.

3 • Passierte Tomaten, Wasser, Sahne und Zitronensaft dazugeben, alles mit Salz und Pfeffer würzen und einmal aufkochen. Den Reis unter-rühren und alles zugedeckt bei schwacher Hitze ca. 15–20 Minuten köcheln lassen. Dabei ab und zu umrühren. In den letzten 4–5 Minuten das Fleisch dazugeben. Mit Salz und Pfeffer abschmecken, mit Joghurt und Koriander abrunden.

ZUTATEN

400 g Hähnchenbrustfilet
1 Zwiebel
2 Knoblauchzehen
10 g Ingwer
1 EL Olivenöl
1 TL Kreuzkümmelpulver
2 TL Kurkumapulver
2 TL Paprikapulver edelsüß
1 TL Garam Masala
2 EL Tomatenmark
400 g passierte Tomaten, Dose
400 ml Wasser
100 ml Kochsahne
2 EL Zitronensaft
Salz, Pfeffer aus der Mühle
200 g Reis
2 EL Joghurt
frischer Koriander, gehackt

Für 4 Personen

Vorbereitung: 20 min
Zubereitung: 30 min
Level: einfach

Gewürzreis
mit Gemüse

ZUTATEN

20 g Ingwer
2 Zwiebeln
2 Nelken
½ TL Pfefferkörner
3 Möhren
250 g Brokkoli
200 g Kirschtomaten
2 EL Öl
2 Msp. Kardamompulver
2 Msp. Kurkumapulver
1 Msp. Zimt
250 g 10-Minuten-Reis
200 ml Wasser
Salz, Pfeffer aus der Mühle
200 g Joghurt

Für 4 Personen

Vorbereitung: 15 min
Zubereitung: 20 min
Level: einfach

1 • Den Ingwer schälen und sehr fein würfeln. Die Zwiebeln abziehen und in feine Würfel schneiden. Nelken und Pfefferkörner im Mörser fein zerstoßen. Die Möhren schälen, längs vierteln und in kleine Stücke schneiden. Den Brokkoli in kleine Röschen teilen. Die Kirschtomaten waschen und vierteln.

2 • In einem Topf das Öl erhitzen und Zwiebeln und Ingwer darin kurz unter Rühren anbraten. Kardamom, Kurkuma, Zimt sowie die zerstoßene Pfeffermischung zugeben und 1–2 Minuten unter Rühren mitgaren. Möhren und Brokkoli untermischen, Reis und Wasser zufügen.

3 • Alles zum Kochen bringen. Danach salzen und 7–8 Minuten zugedeckt bei geringer Hitze köcheln lassen. Die Kirschtomaten hinzufügen. Alles weitere 2–3 Minuten zugedeckt köcheln lassen, dabei nach Bedarf noch etwas Wasser angießen. Den Gewürzreis leicht mit Pfeffer übermahlen und abschmecken.

4 • Den Joghurt glatt rühren, 3 EL über den Reis geben, den restlichen Joghurt in einem Schälchen separat anrichten.

Spirelli mit Lachs, Fenchel und Pesto

ZUTATEN

100 g Fenchel
1 Knoblauchzehe
1 Zwiebel
200 g Kirschtomaten
350 g Lachsfilet,
    ohne Haut und Gräten
2 EL Olivenöl
400 g Pasta,
    zum Beispiel Spirelli
1 l Gemüsebrühe
Pfeffer aus der Mühle
100 g Sahne
2 EL Basilikumpesto
Salz
2 EL frischer Dill, gehackt
½ Zitrone

Für 4—6 Personen

Vorbereitung: 20 min
Zubereitung: 16 min
Level: einfach

1 • Den Fenchel in feine Streifen schneiden. Knoblauch und Zwiebel abziehen und fein würfeln. Die Tomaten waschen und halbieren. Den Lachs in Würfel schneiden.

2 • Fenchel, Knoblauch und Zwiebel in einem großen Topf im Olivenöl 4–5 Minuten andünsten. Die Spirelli zugeben, die Brühe angießen und ca. 12 Minuten abgedeckt garen (siehe Packungsangabe). Dabei ab und an umrühren.

3 • Tomaten und Lachs in den letzten 5–6 Minuten zur Pasta geben. Gegen Ende Sahne und Pesto untermischen und mit Pfeffer würzen. Mit frischem Dill bestreuen und mit Zitronensaft abschmecken.

Pasta mit Speck, Erbsen & Frischkäse

ZUTATEN

1 Zwiebel
100 g Speck
1 EL Olivenöl
400 g Pasta,
    zum Beispiel Penne
1 l Gemüsebrühe
50 ml Sahne
75 g körniger Frischkäse
75 g Erbsen, Dose oder
    aufgetaute TK-Ware
Salz, Pfeffer aus der Mühle
60 g Parmesan, gerieben

Für 4 Personen

Vorbereitung: 5 min
Zubereitung: 27 min
Level: einfach

1 • Die Zwiebel abziehen und zusammen mit dem Speck in Würfel schneiden.

2 • Das Olivenöl in einem Topf erhitzen, Zwiebel- und Speckwürfel darin anbraten.

3 • Penne und Gemüsebrühe zufügen und das Ganze unter ständigem Rühren ca. 10–12 Minuten köcheln lassen (siehe Packungsangabe). Zum Schluss Sahne, Frischkäse und Erbsen zugeben und mit Salz und Pfeffer abschmecken. Mit Parmesan bestreut anrichten.

Mac & Cheese

1 • Die Butter in einem Topf auf mittlerer Stufe erhitzen, das Mehl einrühren und unter Rühren mit dem Schneebesen ca. 2 Minuten hell anschwitzen. 150 ml Milch zugießen und klümpchenfrei unterrühren, kurz aufkochen lassen. Anschließend die übrige Milch sowie das Wasser hinzufügen, salzen, pfeffern und unter Rühren erneut aufkochen lassen.

2 • Die Makkaroni hinzufügen und unter gelegentlichem Rühren ca. 7 Minuten garen, bis die Nudeln bissfest sind. Den Topf vom Herd nehmen, den geriebenen Käse untermischen und schmelzen lassen. Umrühren, bis die Nudeln cremig umhüllt sind. Mit Pfeffer übermahlen.

Rezeptbild auf Seite 73

ZUTATEN

4 EL Butter
4 EL Mehl
500 ml Milch
700 ml Wasser
Salz, Pfeffer aus der Mühle
350 g kurze Makkaroni
300 g Gouda oder Emmentaler, gerieben

Für 4 Personen

Vorbereitung: 5 min
Zubereitung: 15 min
Level: einfach

Kürbis-Garnelen-Curry

ZUTATEN

300 g Basmatireis
Salz
2 Zwiebeln
1 Hokkaidokürbis
4 Lauchzwiebeln
250 g Kirschtomaten
2 EL Pflanzenöl
1 EL rote Currypaste
1 TL Kurkumapulver
½ TL Senfpulver oder 1 TL Senf
1 EL brauner Zucker
400 ml Kokosmilch
400 ml Wasser
Pfeffer aus der Mühle
450 g rohe Garnelen,
küchenfertig (geschält)
2 EL Fischsauce
3–4 EL Zitronensaft
1 EL Koriandergrün,
   in Streifen geschnitten
½ Bio-Zitrone, in Scheiben

Für 4 Personen

Vorbereitung: 25 min
Zubereitung: 25–30 min
Level: mittel

1 • Den Reis nach Packungsangabe in Salzwasser garen.

2 • Die Zwiebeln abziehen und klein würfeln. Den Kürbis entkernen und würfeln. Die Lauchzwiebeln putzen und in sehr feine Ringe schneiden, dabei grüne und weiße Teile nicht mischen. Die Tomaten waschen und vierteln.

3 • In einem weiten Topf das Öl erhitzen, die Zwiebeln darin kurz anbraten. Currypaste, Kurkuma- und Senfpulver hinzufügen und unter Rühren kurz mitbraten (falls Sie Senf verwenden: der wird erst nach Zugabe der Kokosmilch eingerührt). Den Zucker darüberstreuen und alles unter Rühren leicht karamellisieren lassen.

4 • Mit Kokosmilch ablöschen, das Wasser zugeben und das Curry mit Salz und Pfeffer würzen. Den Kürbis hinzufügen und alles zugedeckt ca. 5 Minuten köcheln lassen. Die Kirschtomaten zufügen und weitere 4–5 Minuten garen. Dann Garnelen und die weißen Lauchzwiebelringe dazugeben. Alles offen bei geringer Hitze 2–3 Minuten weitergaren, bis die Garnelen gar sind.

5 • Fischsauce und Zitronensaft unterrühren und das Curry abschmecken. Alles mit Koriandergrün bestreuen und mit Zitronenscheiben anrichten. Mit dem Grün der Lauchzwiebeln den Reis garnieren.

TIPP
Alternativ können Sie das Curry auch mit Baguette genießen.

Bierstuben-Nudeln
mit Schweinebauch

ZUTATEN

4 Zweige Majoran, alternativ
½ TL getrockneter Majoran
2 Zwiebeln
1 grüne oder rote Paprika
400 g Schweinebauch ohne
Schwarte und Knochen
Salz, Pfeffer aus der Mühle
2 TL Kümmel
1 EL Rapsöl
500 ml helles Bier
500 ml Rinderbrühe
400 g Pasta, zum Beispiel
Penne Rigate

Für 4 Personen

Vorbereitung: 15 min
Zubereitung: 14 min
Level: einfach

1 • Die Majoranblättchen abzupfen und fein hacken. Die Zwiebeln abziehen, halbieren und in Streifen schneiden. Die Paprika halbieren, putzen und in feine Streifen schneiden. Den Schweinebauch in Streifen schneiden.

2 • Einen Topf stark erhitzen und die Schweinebauchstreifen darin rundherum ca. 3–4 Minuten anbraten. Mit Salz, Pfeffer und Kümmel würzen. Das Fleisch aus dem Topf nehmen.

3 • Das Öl in den gleichen Topf geben, erhitzen und darin Zwiebel- und Paprikastreifen anbraten. Den Majoran einstreuen, mit Bier und Brühe auffüllen. Die Pasta hinzufügen und ca. 10 Minuten (siehe Packungsangabe) garen. Dann das Fleisch hinzufügen, gut vermischen, abschmecken und genießen.

Scharfes Makkaroni-Rindfleisch-Chili

1 • Die Zwiebeln abziehen und klein würfeln. Die Kidneybohnen abgießen, abbrausen und abtropfen lassen.

2 • Die Zwiebeln in einem breiten Topf im heißen Öl glasig anschwitzen. Das Hackfleisch dazugeben, unter Rühren krümelig braten und leicht bräunen. Mit Salz, Pfeffer, Kreuzkümmel und Chilipulver würzen. Das Tomatenmark unterrühren und noch ca. 1 Minute mitbraten. Alles mit der Brühe ablöschen und zugedeckt zum Kochen bringen.

3 • Die Makkaroni untermischen und offen unter wiederholtem Rühren ca. 8–10 Minuten bissfest garen.

4 • Die Bohnen in den Topf geben, untermischen und alles noch 1–2 Minuten weitergaren, dabei nach Bedarf ein wenig Wasser zugeben.

5 • Bei Bedarf eine Avocado halbieren, entkernen und das Fruchtfleisch mit einem Löffel aus der Schale heben. Das Avocadofleisch würfeln. Das Chili mit ein paar Spritzern Tabasco scharf abschmecken, leicht mit Pfeffer übermahlen und mit den Avocadowürfeln bestreuen.

ZUTATEN

2 Zwiebeln
250 g Kidneybohnen, Dose
2 EL Olivenöl
400 g Rinderhackfleisch
Salz, Pfeffer aus der Mühle
½ TL Kreuzkümmelpulver
Chilipulver nach Bedarf
3 EL Tomatenmark
1 l Fleischbrühe
350 g Pasta, zum Beispiel
    kurze Makkaroni

Optional

1 Avocado
Tabasco

Für 4 Personen

Vorbereitung: 5 min
Zubereitung: 20 min
Level: einfach

Linseneintopf
mit Speck und Spätzle

ZUTATEN

Für die Suppe

150 g geräucherter Bauch-
  speck, in Scheiben
2 Möhren
¼ Knollensellerie
1 Zwiebel
1 Knoblauchzehe
2 EL Pflanzenöl
250 g getrocknete Tellerlinsen
800 ml Gemüsebrühe
4 Tomaten
1 Lorbeerblatt
1 TL schwarze Pfefferkörner,
  gemörsert
Salz, Pfeffer aus der Mühle
500 g Fertig-Spätzle
  (siehe Tipp)
1–2 EL Balsamico-Essig
3 EL saure Sahne
2 EL Schnittlauch, in Röllchen

Für 4 Personen

Vorbereitung: 10 min
Zubereitung: 50 min
Level: mittel

1 · Den Speck in Streifen schneiden. Möhren und Sellerie schälen, putzen und in kleine Würfel schneiden. Zwiebel und Knoblauch abziehen und fein würfeln.

2 · Den Speck in einem Topf im heißen Öl knusprig braten, herausnehmen und beiseitelegen. Zwiebel und Knoblauch in dem Fett glasig schwitzen, Gemüsewürfel und Linsen zugeben, die Brühe angießen und bei mittlerer Hitze ca. 45 Minuten weich köcheln.

3 · Die Tomaten waschen, klein würfeln und mit Speck, Lorbeerblatt und gemörserten Pfefferkörnern nach etwa 15 Minuten zu den Linsen geben. Zwischendurch rühren und nach Bedarf Brühe ergänzen. Fertigspätzle ca. 3 Minuten vor Ende der Kochzeit zugeben (Packungsanleitung beachten).

4 · Das Lorbeerblatt aus dem Eintopf nehmen und mit Essig, Salz und Pfeffer abschmecken. Mit saurer Sahne und Schnittlauch verfeinern.

TIPP

Für selbst gemachte Spätzle: 250 g Mehl und 1 TL Salz in eine Schüssel geben, mit ca. 100 ml Wasser glatt rühren, 3 Eier zugeben und langsam Wasser zufügen (ca. 75 ml), bis ein zähreißender Teig entstanden ist. Mit geriebener Muskatnuss würzen. Den Teig mit dem Kochlöffel schlagen, bis er Blasen wirft. Abgedeckt ca. 20 Minuten ruhen lassen. Nochmal durchschlagen und mit einem Spätzlehobel in kochendes Salzwasser reiben. Ab und zu umrühren. Sobald die Spätzle (1–2 Minuten) an der Oberfläche schwimmen, mit einem Schaumlöffel herausholen und abtropfen lassen.

Kartoffelsuppe
mit Würstchen

ZUTATEN

1 Zwiebel
800 g mehligkochende
    Kartoffeln
1 Bund Suppengrün
2 EL Pflanzenöl
½ TL Liebstöckel (Maggikraut)
2 Lorbeerblätter
1 l Gemüsebrühe
4 Wiener Würstchen
Salz, Pfeffer aus der Mühle
frische Petersilie
Muskatnuss, frisch gerieben

Für 4 Personen

Vorbereitung: 15 min
Zubereitung: 25 min
Level: einfach

1 • Zwiebel, Kartoffeln und Suppengemüse putzen, schälen, würfeln bzw. in Stücke schneiden. Alles zusammen im Öl in einem heißen Topf farblos anschwitzen. Mit Liebstöckel und Lorbeer würzen und die Brühe angießen.

2 • Etwa 20 Minuten gar köcheln lassen. Die Suppe leicht stückig pürieren, die Würstchen in die Suppe geben und darin heiß werden lassen. Die Petersilie fein hacken. Zur Suppe geben und mit Salz, Pfeffer und Muskat abschmecken.

Hühnersuppe
mit Grießklößchen

1 • Die Butter mit den Eiern cremig rühren. Den Grieß untermischen, mit Salz und Muskat würzen. Für ca. 1 Stunde bei Raumtemperatur quellen lassen.

2 • Zwiebel und Knoblauch abziehen und fein würfeln. Möhren und Kartoffeln schälen, die Möhren in Scheiben, die Kartoffeln in ca. 1 cm große Würfel schneiden. Den Staudensellerie klein schneiden.

3 • In einem Topf das Öl erhitzen, Zwiebel- und Knoblauchwürfel darin hell anschwitzen. Möhren, Kartoffeln und Sellerie dazugeben und kurz mitgaren, dann mit der Brühe auffüllen. Die Keulen zugeben und alles zum Kochen bringen, leicht salzen, pfeffern und ca. 30 Minuten köcheln lassen. Die Keulen herausnehmen, das Fleisch vom Knochen lösen und wieder zur Suppe geben.

4 • Von der Grießmasse jeweils 1–2 TL abnehmen, zu Klößchen formen, in die Suppe geben und ca. 5 Minuten garziehen lassen. Die Suppe abschmecken, mit Petersilie bestreuen und nach Belieben mit Pesto beträufeln.

Rezeptbild im Nachsatz

ZUTATEN

Für die Klößchen
100 g weiche Butter
2 Eier
160 g Weichweizengrieß
Salz
Muskat, frisch gerieben

Für die Suppe
1 Zwiebel
2 Knoblauchzehen
3 Möhren
2 Kartoffeln
1 Stange Staudensellerie
2 EL Olivenöl
1 l Hühnerbrühe
2 Hähnchenkeulen
Salz, Pfeffer aus der Mühle
2 EL gehackte Petersilie

Optional
2 EL Pesto

Für 4 Personen

Vorbereitung: 35 min
Ruhe: 1 Std.
Zubereitung: 40 min
Level: mittel

Saftgulasch

1 • Zwiebeln und Knoblauch abziehen und klein würfeln. In einem Bräter das Butterschmalz erhitzen und die Zwiebeln darin unter gelegentlichem Rühren bei geringer Hitze goldgelb anschwitzen.

2 • Das Rindfleisch in ca. 4 cm große Würfel schneiden. Kümmel, Knoblauch, beide Sorten Paprikapulver, Tomatenmark und Essig in den Bräter geben. Das Fleisch hinzufügen, die Brühe angießen und die Lorbeerblätter einlegen.

3 • Alles leicht salzen und ca. 3 Stunden zugedeckt schmoren, bis das Fleisch zart ist. Das Gulasch mit Salz und Pfeffer abschmecken und mit knusprigem Weiß- oder Bauernbrot genießen.

ZUTATEN

700 g Zwiebeln
2 Knoblauchzehen
3 EL Butterschmalz
800 g Rindfleisch, z. B. Schulter
   oder Wade
1 TL Kümmel
1½ EL Paprikapulver edelsüß
1 TL Paprikapulver rosenscharf
2 EL Tomatenmark
2 EL Rotweinessig
400 ml Fleischbrühe
2 Lorbeerblätter
Salz, Pfeffer aus der Mühle
4 Scheiben Brot

Für 4 Personen

Vorbereitung: 30 min
Zubereitung: 3 Std.
Level: einfach

Wirsingeintopf
mit Speck

Rezeptbild auf Seite 6

ZUTATEN

500 g festkochende Kartoffeln
3 Möhren
750 g Wirsing (siehe Tipp)
1 Zwiebel
1 Knoblauchzehe
200 g Räucherspeck, in
   2–3 mm dicken Scheiben
2 EL Olivenöl
1 TL Kümmel
1 l Fleischbrühe
Salz, Pfeffer aus der Mühle

Für 4 Personen

Vorbereitung: 15 min
Zubereitung: 40 min
Level: einfach

1 · Kartoffeln und Möhren schälen und in Stücke schneiden. Den Wirsing putzen, von groben, äußeren Blättern befreien, vierteln, den Strunk herausschneiden, die Blätter abtrennen, in Stücke oder Streifen schneiden. Zwiebel und Knoblauch abziehen und fein würfeln. Den Speck in ca. 2 cm breite Streifen schneiden.

2 · In einem großen Topf das Olivenöl erhitzen und Zwiebel mit dem Speck darin unter Rühren hell anbraten. Knoblauch, Kümmel und Kartoffeln zugeben, 2–3 Minuten braten, dann alles mit der Brühe ablöschen und ca. 20 Minuten mit geschlossenem Deckel köcheln lassen. Den Wirsing hinzufügen und weitere 10–13 Minuten köcheln lassen. Den Eintopf mit Salz und Pfeffer abschmecken.

TIPP
Der Wirsing behält seine grüne Farbe besser, wenn er vor dem Kochen blanchiert wird. Dafür einen Topf mit Salzwasser aufkochen und die Wirsingstreifen ca. 3 Minuten abkochen, herausnehmen, mit kaltem Wasser abschrecken und gut abtropfen lassen.

Schweinefleisch-Schmortopf mit Sauerkraut

1 • Das Schweinefleisch in ca. 2,5 cm große Würfel schneiden. Die Zwiebeln abziehen und klein würfeln. Das Sauerkraut abtropfen lassen und 4 EL davon beiseitelegen.

2 • In einem Schmortopf das Butterschmalz erhitzen und das Fleisch darin portionsweise anbraten und leicht bräunen, dann wieder herausnehmen. Die Zwiebel im verbliebenen Fett glasig anschwitzen, mit Paprikapulver bestäuben und Tomatenmark unterrühren. Beides noch ca. 1 Minute mit anschwitzen, dann das Fleisch wieder einlegen.

3 • Sauerkraut, Brühe und passierte Tomaten zugeben. Alles leicht mit Salz, Pfeffer und Kümmel würzen und ca. 30 Minuten bei geringer Hitze zugedeckt garen. Inzwischen die Kartoffeln schälen, waschen und in ca. 2,5 cm große Würfel schneiden. Untermischen und weitere 25–30 Minuten garen. Bei Bedarf noch etwas Brühe nachgießen. Den Eintopf abschmecken und mit dem übrigen Sauerkraut garnieren.

ZUTATEN

600 g Schweinenacken
2 Zwiebeln
400 g Sauerkraut
3 EL Butterschmalz
2 TL Paprikapulver edelsüß
1 EL Tomatenmark
1 l Fleischbrühe
200 g passierte Tomaten, Fertigprodukt
Salz, Pfeffer aus der Mühle
Kümmel
500 g festkochende Kartoffeln

Für 4 Personen

Vorbereitung: 10 min
Zubereitung: 70 min
Level: einfach

Sauerkrautsuppe
mit Rippchen

ZUTATEN

2 kleine Zwiebeln
500 g festkochende Kartoffeln
1 Möhre
2 EL Butterschmalz
600 g geräucherte Schweine-
    rippchen oder magerer
    Schweinebauch, in Stücken
400 g Sauerkraut
1200 ml Fleischbrühe
1 TL Kümmel
2 Lorbeerblätter
Salz, Pfeffer aus der Mühle

Für 4 Personen

Vorbereitung: 25 min
Zubereitung: 55 min
Level: einfach

1 • Die Zwiebeln abziehen, Kartoffeln und Möhre schälen. Die Zwiebeln halbieren und würfeln. Die Kartoffeln in ca. 2–3 cm große Würfel schneiden. Die Möhre raspeln.

2 • In einem Topf das Butterschmalz erhitzen und die Rippchenstücke darin ringsum anbraten, dann wieder herausnehmen.

3 • Die Zwiebeln im verbliebenen Fett glasig anschwitzen. Sauerkraut, Möhre und Kartoffeln zugeben, die Brühe angießen und aufkochen lassen. Die Rippchen wieder einlegen. Mit Kümmel, Lorbeerblättern, wenig Salz und Pfeffer würzen und unter gelegentlichem Rühren 35–40 Minuten bei geringer Hitze köcheln lassen.

Erbseneintopf
mit Würstchen

1 · Das Suppengemüse putzen, bei Bedarf schälen und in kleine Stücke schneiden. Die Zwiebeln abziehen und fein würfeln. Den Speck würfeln. Die Kartoffeln schälen und würfeln.

2 · Den Speck in einem großen Topf anbraten. Die Zwiebeln zufügen und kurz anrösten. Suppengemüse, Majoran, Thymian sowie die Erbsen dazugeben und mit Brühe auffüllen. Mit Pfeffer würzen und ca. 60 Minuten köcheln lassen (bis die Erbsen weich bzw. sämig zerkocht sind), nach 20 Minuten die Kartoffelwürfel zufügen. 10 Minuten vor Ende der Kochzeit die Würstchen in der Suppe erhitzen. Den Eintopf mit Salz und Pfeffer abschmecken.

TIPP
Grüne Schälerbsen müssen nicht eingeweicht werden. Je nach gewünschter Bissfestigkeit beträgt die Kochzeit ca. 60–80 Minuten.

ZUTATEN

1 Bund Suppengrün
2 Zwiebeln
80 g durchwachsener Speck
400 g festkochende Kartoffeln
½ TL getrockneter Majoran
½ TL getrockneter Thymian
300 g getrocknete grüne
    Schälerbsen
1,5 l Gemüsebrühe
4 Wiener Würstchen
Salz, Pfeffer aus der Mühle

Für 4 Personen

Vorbereitung: 20 min
Zubereitung: 60 min
Level: einfach

Grünkohleintopf
mit Mettwurst

ZUTATEN

600 g Grünkohl, TK
2 große Zwiebeln
2 EL Butterschmalz
300 g geräucherte
    Schweinerippchen
400 ml Fleischbrühe
500 g festkochende Kartoffeln
4 geräucherte Mettwürste
1 EL mittelscharfer Senf
2 EL Haferflocken
1 TL Zucker
Salz, Pfeffer aus der Mühle
1 Msp. Pimentpulver
1 Prise Muskat, frisch gerieben

Für 4 Personen

Vorbereitung: 10 min
Zubereitung: 45 min
Level: mittel

1 • Grünkohl auftauen lassen. Die Zwiebeln abziehen und fein würfeln. In einem breiten Topf Butterschmalz erhitzen, die Rippchen darin rundum anbraten und wieder herausnehmen. Im verbliebenen Fett die Zwiebeln glasig anschwitzen. Grünkohl und Brühe hinzufügen und alles zugedeckt bei geringer Hitze 15–20 Minuten köcheln lassen.

2 • Inzwischen die Kartoffeln schälen, in kleine Würfel schneiden und unter den Grünkohl mischen. Die Mettwürste mehrmals anstechen, mit den Rippchen auf den Kohl legen und alles zugedeckt weitere 20–25 Minuten garen. Würste und Rippchen wieder herausnehmen.

3 • Senf, Haferflocken und Zucker unterrühren. Mit Salz, Pfeffer, Piment und Muskat würzen. Würste und Rippchen wieder einlegen und alles zugedeckt bei sehr geringer Hitze weitere 5 Minuten weitergaren. Den Eintopf abschmecken und servieren.

TIPP

Die Grünkohl-Saison beginnt im Oktober und endet im März. In dieser Zeit können Sie auch frisches Grünkohl benutzen. Dafür 800 g Grünkohl waschen, trocken schütteln, die Blätter von den Stängeln schneiden und etwas kleiner zupfen. In Salzwasser 2–3 Minuten blanchieren, abgießen, kurz abkühlen lassen, gut ausdrücken und hacken. Danach wie in Schritt 1 weiterverarbeiten.

Serbische Bohnensuppe

ZUTATEN

300 g weiße, getrocknete
   Bohnen
200 g Möhren
100 g Petersilienwurzel
100 g Knollensellerie
1 dünne Stange Lauch
2 Zwiebeln
2 Knoblauchzehen
2 mittelgroße mehligkochende
   Kartoffeln
80 g Räucherspeck
2 EL Olivenöl
100 g Kabanossi, in Scheiben
200 g stückige Tomaten, Dose
2–3 EL Tomatenmark
Salz, Pfeffer aus der Mühle
1 EL Paprikapulver edelsüß
1 EL Paprikapulver rosenscharf

Für 4–6 Personen

Vorbereitung: 20 min
Einweichen: 12 Std.
Zubereitung: 1 Std. 10 min
Level: mittel

1 • Die Bohnen in einer Schüssel mit kaltem Wasser bedecken und über Nacht einweichen. Am nächsten Tag die Bohnen abgießen, abbrausen und abtropfen lassen.

2 • Möhre, Petersilienwurzel, Sellerie und Lauch putzen, gegebenenfalls schälen und klein schneiden oder würfeln. Zwiebeln und Knoblauch schälen und fein würfeln. Die Kartoffeln schälen und wie den Speck klein würfeln.

3 • In einem Topf das Öl erhitzen und den Speck darin kurz anbraten. Möhre, Petersilienwurzel, Sellerie, Lauch, Zwiebeln und Knoblauch zufügen und alles kurz anbraten, dabei sollten Zwiebeln und Knoblauch nicht dunkel werden.

4 • Die Bohnen in den Topf geben, mit Wasser bedecken, zum Kochen bringen und 60 Minuten köcheln lassen, bis die Bohnen weich sind. Nach 30 Minuten die Kartoffelwürfel zufügen. In den letzten 15 Minuten Kabanossi, Tomaten und Tomatenmark unterrühren. Mit Salz, Pfeffer und beiden Paprikapulvern abschmecken.

Szegediner Gulaschsuppe

ZUTATEN

800 g Schweinefleisch,
   z.B. Schulter
2 Zwiebeln
2 Knoblauchzehen
3–4 EL Pflanzenöl
2–3 EL Tomatenmark
1 l Fleischbrühe
1 EL Paprikapulver rosenscharf
2 EL Paprikapulver edelsüß
Salz, Pfeffer aus der Mühle
1 Lorbeerblatt
2 rote Paprika
500 g Sauerkraut
Cayennepfeffer
4 EL saure Sahne
2 EL Petersilie, gehackt

Für 4 Personen

Vorbereitung: 15 min
Zubereitung: 1 Std. 40 min
Level: einfach

1 · Das Fleisch in etwa 2 cm große Würfel schneiden. Zwiebeln und Knoblauch schälen und klein würfeln. Das Fleisch portionsweise in heißem Öl in einem Topf braun anbraten, beiseitestellen. Zwiebeln und Knoblauch im heißen Öl goldbraun braten, Tomatenmark unterrühren und kurz mitschwitzen.

2 · Das Fleisch wieder in den Topf geben, mit der Brühe ablöschen und mit beiden Paprikapulvern, Salz, Pfeffer und Lorbeerblatt würzen. Bei geschlossenem Deckel ca. 1 Stunde leise schmoren lassen, ab und zu umrühren. Nach Bedarf noch Brühe angießen.

3 · In der Zwischenzeit die Paprikaschoten putzen und grob würfeln.

4 · Abgetropftes Sauerkraut und Paprikawürfel zum Fleisch geben, einrühren und weitere 30 Minuten weich schmoren. Mit Salz und Cayennepfeffer abschmecken, mit saurer Sahne und Petersilie abrunden.

Klassischer Pichelsteiner

1 · Beide Fleischsorten in 2–3 cm große Würfel schneiden. Kartoffeln, Sellerie, Möhren und Petersilienwurzel schälen. Kartoffeln und Sellerie in kleine Stücke, Möhren und Petersilienwurzel in Scheiben schneiden. Den Weißkohl vierteln, den Strunk entfernen und die Blätter in Streifen schneiden. Den Lauch in Ringe schneiden.

2 · In einem Bräter etwas Öl erhitzen und die Fleischwürfel darin portionsweise anbraten und bräunen, dann wieder herausnehmen. Das Fleisch abwechselnd mit dem vermischten Gemüse in den Topf schichten, dabei mit Salz, Pfeffer und Kümmel würzen. Alles knapp mit der Brühe bedecken und den Eintopf zugedeckt ca. 2 Stunden bei geringer Hitze köcheln lassen. Dabei nach Bedarf noch etwas Brühe ergänzen. Den Pichelsteiner abschmecken und mit Petersilie bestreuen.

ZUTATEN

400 g Rinderbrust
400 g Schweinenacken
500 g festkochende Kartoffeln
200 g Knollensellerie
4 Möhren
1 Petersilienwurzel
400 g Weißkohl
1 Stange Lauch
3 EL Pflanzenöl
Salz, Pfeffer aus der Mühle
Kümmel
800 ml Fleischbrühe
2 EL glatte Petersilie,
    fein gehackt

Für 4 Personen

Vorbereitung: 15 min
Zubereitung: 2 Std. 15 min
Level: mittel

Rindfleischschmortopf
in Rotwein-Gemüse-Sauce

Rezeptbild auf Seite 77

ZUTATEN

1 Stange Lauch
1 Zwiebel
1 Knoblauchzehe
500 g Rindergulasch
1 EL Olivenöl
½ EL Tomatenmark
75 ml Rotwein
200 ml Fleischbrühe
1 Lorbeerblatt
400 g stückige Tomaten, Dose
Salz, Pfeffer aus der Mühle
50 g schwarze, entsteinte
   Oliven
½ Baguette-Brot

Für 2 Personen

Vorbereitung: 20 min
Zubereitung: 2 Std.
Level: mittel

1 · Den Lauch in Ringe schneiden. Zwiebel und Knoblauch abziehen und würfeln.

2 · Das Fleisch in heißem Öl braun anbraten. Zwiebel und Knoblauch untermengen und das Tomatenmark kurz mit anschwitzen. Mit Rotwein und etwas Fleischbrühe ablöschen. Das Lorbeerblatt zufügen und alles unter gelegentlichem Rühren ca. 30 Minuten leise schmoren lassen. Nach Bedarf weitere Brühe angießen.

3 · Nach 30 Minuten Lauch und Tomaten untermengen. Mit Salz und Pfeffer würzen und weitere 1–1,5 Stunden köcheln lassen. Während den letzten 15 Minuten die Oliven zufügen. Mit Salz und Pfeffer abschmecken. Mit Baguette genießen.

Kartoffelgulasch
mit Debrecziner

1 · Zwiebeln und Knoblauch abziehen und fein würfeln. Die Paprika waschen, putzen und in ca. 1,5 cm große Stücke schneiden. Die Kartoffeln waschen, schälen und ebenso groß würfeln.

2 · In einem Topf das Butterschmalz erhitzen, Zwiebel- und Knoblauchwürfel darin 3–4 Minuten anbraten. Paprika und Kartoffeln zugeben und 3–4 Minuten mitgaren. Mit Salz, Pfeffer und Paprikapulver würzen. Mit Wein ablöschen, diesen etwas verkochen lassen, mit Tomaten und Brühe auffüllen. Für ca. 15 Minuten bei milder Hitze köcheln. Kümmel und Majoran zugeben und alles weitere 10 Minuten garen. Mit Salz und Pfeffer abschmecken. Die Debrecziner in Scheiben schneiden und in den letzten ca. 5 Minuten im Gulasch erwärmen. Die saure Sahne dazu reichen.

ZUTATEN

3 Zwiebeln
2 Knoblauchzehen
2 grüne Paprika
1 kg festkochende Kartoffeln
2 EL Butterschmalz
Salz, Pfeffer aus der Mühle
2 EL Paprikapulver edelsüß
100 ml Weißwein
200 g stückige Tomaten, Dose
500 ml Gemüsebrühe
1 TL Kümmel
1 TL getrockneter Majoran
250 g Debrecziner
150 g saure Sahne

Für 4 Personen

Vorbereitung: 25 min
Zubereitung: 35 min
Level: einfach

Schneller Fischeintopf

ZUTATEN

1 Stange Lauch
2 Stangen Staudensellerie
2 EL Olivenöl
100 ml trockener Weißwein
400 ml Fischbrühe
400 g passierte Tomaten,
    Fertigprodukt
1 TL Fenchelsamen
½ TL Paprikapulver edelsüß
Salz, Pfeffer aus der Mühle
500 g gegarte Kartoffeln
    vom Vortag, alternativ
    Nudeln mit kurzer Garzeit
400 g weißes Fischfilet,
    nach Angebot
Dill, Petersilie oder Basilikum

Für 4 Personen

Vorbereitung: 20 min
Zubereitung: 20 min
Level: einfach

1 • Den Lauch klein schneiden. Den Sellerie in Scheiben schneiden. Das Olivenöl in einem Topf erhitzen, Lauch und Sellerie darin anbraten.

2 • Mit Wein, Brühe und Tomaten ablöschen. Mit Fenchelsamen, Paprikapulver, Salz und Pfeffer würzen. Die Kartoffeln hinzufügen und etwa 10 Minuten köcheln lassen.

3 • Das Fischfilet grob würfeln und ca. 5 Minuten in der Suppe ohne Kochen gar ziehen lassen. Nach Belieben mit Kräutern verfeinern.

Bauerntopf
mit Hack und Paprika

ZUTATEN

1 Zucchini
1 gelbe Paprika
1 kleine rote Chili
250 g braune Champignons
1 Zwiebel
2 Knoblauchzehen
4 EL Pflanzenöl
500 g gemischtes Hackfleisch
2 EL Tomatenmark
150 ml trockener Weißwein
400 ml Gemüsebrühe
2 TL getrocknete Kräuter
    der Provence
Salz, Pfeffer aus der Mühle
Zucker

Für 4 Personen

Vorbereitung: 30 min
Zubereitung: 25 min
Level: einfach

1 • Zucchini, Paprika und Chili putzen und in kleine Stücke bzw. sehr feine Ringe schneiden. Die Pilze putzen und in Scheiben schneiden. Zwiebel und Knoblauch abziehen und fein hacken.

2 • Das Öl in einem Topf erhitzen. Das Hackfleisch darin gut anbraten, bis es gebräunt ist. Zwiebeln, Knoblauch, Chili (Menge nach Geschmack) und Tomatenmark dazugeben und 2–3 Minuten mitbraten. Pilze, Paprika und Zucchini zufügen, untermischen und weitere ca. 2 Minuten braten. Mit Wein und Brühe ablöschen, die Kräuter zugeben und geschlossen ca. 15 Minuten leise köcheln lassen. Mit Salz, Pfeffer und Zucker abschmecken.

Cheesy-Beef Eintopf

1 • Zwiebeln und Knoblauch abziehen und fein würfeln. Den Cheddar reiben, den Speck würfeln.

2 • Das Öl in einem breiten Topf erhitzen. Hack und Speck zugeben, das Hackfleisch darin krümelig braten, bis es leicht bräunlich ist. Zwiebeln, Knoblauch und Tomatenmark zugeben und kurz mit anschwitzen. Die Brühe zugeben und zugedeckt 45 Minuten schwach köcheln lassen.

3 • 15 Minuten vor Ende der Garzeit die stückigen Tomaten untermischen. 5 Minuten vor Ende der Garzeit Frischkäse und die Hälfte des Cheddars einrühren und schmelzen lassen. Mit Paprikapulver, Salz, Pfeffer und Senf abschmecken.

4 • Die Tomaten waschen und zusammen mit den Gurken klein würfeln. Bürgerbrötchen halbieren und rösten. Zum Anrichten den restlichen Cheddar, Tomaten-, Gewürzgurkenwürfel und Röstzwiebeln in Schälchen als Topping dazureichen.

ZUTATEN

2 große Zwiebeln
4 Knoblauchzehen
300 g Cheddar
150 g Schinkenspeck
2 EL Öl
800 g Rinderhack
4 EL Tomatenmark
1,6 l Gemüse- oder
    Fleischbrühe
800 g stückige Tomaten, Dose
240 g Frischkäse
2 TL Paprikapulver edelsüß
Salz, Pfeffer aus der Mühle
3–5 TL mittelscharfer Senf

Sonstiges

2 Tomaten
100 g Gewürzgurken
100 g Röstzwiebeln
8 Burgerbrötchen, geröstet,
    alternativ Baguettebrötchen
    oder Bauernbrot

Für 8 Personen

Vorbereitung: 15 min
Zubereitung: 45 min
Level: mittel

Blitz-Chili

ZUTATEN

1 Zwiebel
2 Knoblauchzehen
2 rote Chilischoten
3 EL Olivenöl
600 g Rinderhackfleisch
Salz, Pfeffer aus der Mühle
1 EL Paprikapulver edelsüß
1 TL Kreuzkümmel
1 TL Koriander
2 EL Tomatenmark
50 ml Rotwein
400 g stückige Tomaten, Dose
350 ml Fleischbrühe
400 g Kidneybohnen, Dose
150 g Mais, Dose
100 g geriebener Käse,
    alternativ Crème fraîche

Optional

Petersilie zum Bestreuen
Nachos

Für 4 Personen

Vorbereitung: 15 min
Zubereitung: 25 min
Level: einfach

1 • Zwiebeln und Knoblauch schälen und klein würfeln. Die Chilischoten putzen und in feine Würfel schneiden.

2 • In einem großen Topf das Öl erhitzen, Zwiebeln, Knoblauch und Chilischote darin hell anschwitzen. Das Hackfleisch zugeben, krümelig braten und leicht bräunen. Alles mit Salz, Pfeffer, Paprikapulver, Kreuzkümmel und Koriander würzen. Das Tomatenmark unterrühren, kurz mit anschwitzen, dann mit dem Rotwein ablöschen. Die Tomaten zufügen, mit der Brühe auffüllen und unter gelegentlichem Rühren 15 Minuten köcheln lassen. Bei Bedarf noch etwas Brühe oder Wasser zufügen.

3 • Bohnen und Mais abbrausen, abtropfen lassen, untermischen. Das Chili weitere 5 Minuten köcheln lassen. Mit Salz und Pfeffer abschmecken. Mit Käse und Petersilie verfeinern. Dazu bei Bedarf Nachos reichen.

Szegediner Tofu-Gulasch

ZUTATEN

Für das Gulasch

2 Zwiebeln
1 Knoblauchzehe
4 rote Spitzpaprika
400 g Räuchertofu
2 EL Olivenöl
2 EL Tomatenmark
½ TL geräuchertes Paprikapulver
2 TL Paprikapulver edelsüß
250 ml Gemüsebrühe
2 Lorbeerblätter
250 g Sauerkraut
Salz, Pfeffer aus der Mühle
1 TL Kümmel

Dazu

2 Stängel Dill
200 g Joghurt
Salz
Chiliflocken nach Bedarf
8 Scheiben Bauernbrot

Für 4 Personen

Vorbereitung: 20 min
Zubereitung: 20 min
Level: einfach

1 • Zwiebeln und Knoblauch abziehen und fein würfeln. Die Paprika putzen und in grobe Stücke schneiden. Den Tofu in ca. 2 cm große Würfel schneiden.

2 • Das Olivenöl in einem großen Topf erhitzen. Zwiebeln, Knoblauch, Paprika und Tofu darin 5–6 Minuten kräftig anbraten. Tomatenmark hinzugeben und kurz mitrösten. Beide Paprikapulver darüberstäuben und einrühren.

3 • Mit Brühe auffüllen, Lorbeerblätter und Sauerkraut zugeben, mit Salz und Pfeffer würzen und den Kümmel einstreuen. Das Gulasch ca. 15 Minuten köcheln lassen.

4 • Inzwischen den Dill waschen, trocken schütteln und die Blättchen grob hacken, mit Joghurt, Salz und Chiliflocken verrühren und abschmecken. Das Brot etwas anrösten. Das Gulasch abschmecken, die Lorbeerblätter entfernen und den Joghurt getrennt dazu reichen.

Grünkohltopf
mit Champignons

Rezeptbilder im Vorsatz

ZUTATEN

2 Zwiebeln
300 g Champignons
100 g geröstete, gesalzene
    Mandeln, Fertigprodukt
200 ml Sahne
3 EL Pflanzenöl
660 g Grünkohl, Glas
400 ml Gemüsebrühe
500 g gegarte Kartoffeln,
    klein geschnitten
1–2 TL Currypulver
Salz, Pfeffer aus der Mühle
3 TL Senf

Für 4 Personen

Vorbereitung: 15 min
Zubereitung: 15 min
Level: mittel

1 · Die Zwiebeln abziehen und klein würfeln. Die Champignons putzen, 200 g grob würfeln, die übrigen in breite Scheiben schneiden.

2 · Die gewürfelten Pilze mit 65 g Mandeln und Sahne in einem Zerkleinerer fein pürieren.

3 · In einem Topf 1 EL Öl erhitzen und die Champignonscheiben darin bei starker Hitze 3–4 Minuten anbraten, herausnehmen und beiseitestellen. Das restliche Öl in dem Topf erhitzen und die Zwiebeln darin glasig anschwitzen.

4 · Grünkohl, die Champignon-Sahne-Mischung, Brühe und Kartoffeln zufügen. Mit Curry, Salz und Pfeffer würzen und ca. 10 Minuten erhitzen. Den Senf unterrühren und abschmecken. Mit den übrigen Pilzen und Mandeln getoppt genießen.

Kaffeeliebhaber Gulasch

1 • Zwiebel und Knoblauch abziehen und fein würfeln. Die Chilischoten putzen und fein schneiden. Die Schokolade in Stücke brechen.

2 • Das Öl in einem breiten Topf und das Rindergulasch darin portionsweise anbraten, bis es braun ist. Das angebratene Fleisch beiseite stellen. In demselben Topf Zwiebeln und Knoblauch anbraten. Paprikapulver, Chili und Mehl hinzufügen und kurz anrösten.

3 • Alles mit der Brühe ablöschen. Bier und Kaffee unter ständigen Rühren hinzufügen. Tomatenmark, gehackte Schokolade und Zucker hinzufügen. Das angebratene Rindergulasch in den Topf gebe. Mit geschlossenem Deckel bei niedriger Hitze 2 Stunden köcheln lassen, bis das Fleisch zart ist und die Sauce eingedickt.

4 • Das Gulasch mit Salz und Pfeffer abschmecken. Zum Servieren Schmand und Baguette dazureichen.

ZUTATEN

2 Zwiebeln
3 Knoblauchzehen
1–2 rote Chilischoten
50 g Zartbitterschokolade
4 EL Öl
800 g Rindergulasch
2 EL Paprikapulver
2 EL Mehl
250 ml Brühe
250 ml starker Kaffee
250 ml dunkles Bier
2 EL Tomatenmark
2 EL Zucker
Salz, Pfeffer aus der Mühle
200 g saure Sahne
    oder Schmand
2 Baguette-Brote

Für 6—8 Personen

Zubereitungszeit: 10 min
Zubereitung: 2 Std.
Level: einfach

Gemüse-Eintopf
mit Bergkäse

1 • Zwiebel und Knoblauch abziehen und fein würfeln. Die Chili fein hacken. Den Kohlrabi schälen und in 1,5 cm große Würfel schneiden. Die Selleriestangen in Scheiben schneiden, das Grün beiseitelegen. Den Lauch putzen und in Ringe schneiden. Die Champignons putzen und vierteln oder halbieren. Die Paprikaschoten putzen und würfeln.

2 • Das Olivenöl in einem Topf erhitzen, Zwiebeln, Knoblauch und Chili darin anschwitzen. Kohlrabi, Sellerie, Lauch, Pilze, Paprikawürfel und Kirschtomaten zugeben und 4–5 Minuten mitbraten. Mit Salz, Pfeffer, Cayennepfeffer und Paprikapulver würzen und mit dem Wein ablöschen. Kurz verkochen lassen, mit der Brühe auffüllen und mit Kümmel würzen.

3 • Den Eintopf ca. 15 Minuten bei milder Hitze köcheln lassen. Zum Schluss den Bergkäse untermischen, kurz schmelzen lassen und das Selleriegrün darüberstreuen.

ZUTATEN

2 rote Zwiebeln
2 Knoblauchzehen
½ Chilischote
Gemüsemischung nach Saison
   (zum Beispiel 1 Kohlrabi,
   2 Stangen Staudensellerie,
   1 Stange Lauch, 100 g Champignons, 2 rote Paprika und
   150 g Kirschtomaten)
3 EL Olivenöl
Salz, Pfeffer aus der Mühle
1 Prise Cayennepfeffer
1 TL Paprikapulver edelsüß
100 ml Weißwein
600 ml Gemüsebrühe
1 Prise Kümmelpulver
150 g Bergkäse, gerieben

Für 4 Personen

Vorbereitung: 20 min
Zubereitung: 25 min
Level: einfach

Tortellini-Topf
mit Spinat und Walnüssen

ZUTATEN

400 g Blattspinat, frisch
100 g getrocknete Tomaten
    in Öl
1 Zwiebel
2 Knoblauchzehen
2 EL Olivenöl
Salz, Pfeffer aus der Mühle
100 g Frischkäse
400 ml Gemüsebrühe
50 g Sahne
500 g Tortellini, z. B. mit
    Ricotta-Spinat-Füllung
50 g Walnusskerne,
    grob gehackt
2 Stängel Petersilie,
fein gehackt
Muskatnuss, frisch gerieben

Für 4 Personen

Vorbereitung: 15 min
Zubereitung: 15 min
Level: einfach

1 • Den Spinat waschen, putzen und klein schneiden. Die Tomaten in Streifen schneiden. Zwiebel und Knoblauch abziehen und fein würfeln.

2 • In einem großen weiten Topf das Öl erhitzen. Zwiebel- und Knoblauchwürfel mit den Tomaten darin 3–4 Minuten andünsten, dann den Spinat dazugeben. Mit Salz und Pfeffer würzen.

3 • Frischkäse, Brühe und Sahne zugeben und 4–5 Minuten bei milder Hitze köcheln lassen. Tortellini zugeben und ca. 5 Minuten darin heiß werden lassen. Ab und zu umrühren. Walnüsse und Petersilie untermischen, mit Salz, Pfeffer und Muskat abschmecken.

Schmortopf
mit Rindfleisch und Karotten

ZUTATEN

1 kg Rindfleisch zum Schmoren,
   z. B. aus der Schulter
4 Zwiebeln
3 EL Olivenöl
1 EL Mehl
250 ml trockener Weißwein
200 ml Wasser
Salz, Pfeffer aus der Mühle
1 Zweig Rosmarin
3 Zweige Thymian
1 Lorbeerblatt
800 g Möhren
1 Stange Staudensellerie
2 EL Petersilie, fein gehackt

Für 4 Personen

Vorbereitung: 30 min
Zubereitung: 2 Std.
Level: einfach

1 • Das Rindfleisch in ca. 4 cm große Stücke schneiden. Die Zwiebeln abziehen und würfeln. In einem großen Bräter das Öl erhitzen und das Fleisch darin portionsweise ringsum anbraten und bräunen. Die Zwiebeln zugeben und kurz mitgaren. Mit dem Mehl bestäuben, alles gut vermengen und mit Weißwein und Wasser ablöschen. Leicht salzen und pfeffern. Rosmarin, Thymian und Lorbeerblatt einlegen. Das Fleisch zugedeckt ca. 1 Stunde schmoren lassen.

2 • Inzwischen die Möhren schälen und wie den Sellerie in Scheiben schneiden. Beides in den Bräter geben, untermischen und weitere 45–60 Minuten garen, bis das Fleisch weich ist. Mit Petersilie bestreut servieren.

Japanisches Ingwer-Huhn aus dem Ofen

1 • Dem Ofen auf 180 °C Ober- und Unterhitze vorheizen. Lauchzwiebeln und Pak Choi putzen. Die Lauchzwiebeln schräg in Stücke schneiden, den Pak Choi längs vierteln. Knoblauch und Ingwer abziehen und beides fein hacken. Den Perldinkel abbrausen und abtropfen lassen.

2 • Die Hähnchenschenkel trocken tupfen und am Gelenk teilen. Mit Salz und Pfeffer würzen und in einem Bräter auf dem Herd im heißen Öl 6–8 Minuten rundherum goldbraun anbraten. Aus dem Topf nehmen.

3 • Knoblauch, Ingwer und Lauchzwiebeln kurz im heißen Fett anschwitzen. Den Dinkel untermischen und die Brühe angießen. Miso, Mirin, Sojasauce und Chilisauce zugeben und aufkochen.

4 • Die Hähnchenteile dazulegen und abgedeckt im Ofen ca. 15 Minuten schmoren. Dann den Pak Choi zwischen dem Hähnchen verteilen und zurück im Ofen weitere 15 Minuten schmoren. Nach Bedarf Wasser ergänzen.

5 • Den Deckel abnehmen und weitere ca. 5 Minuten im Ofen garen. Koriandergrün und Sesam über das Gericht streuen und abschmecken.

TIPP
Perldinkel wird wie Reis verwendet. Die Kochzeit beträgt etwa 20–25 Minuten.

ZUTATEN

4 Lauchzwiebeln
4 Pak Choi
2 Knoblauchzehen
30 g Ingwer
200 g Perldinkel (siehe Tipp)
4 Hähnchenkeulen
Salz, Pfeffer aus der Mühle
2 EL Pflanzenöl
400 ml Geflügelbrühe
50 g Misopaste
2 EL Mirin
2 EL Sojasauce
2 EL Chilisauce
½ Handvoll Koriandergrün
2 TL Sesam, geröstet

Für 4 Personen

Vorbereitung: 20 min
Zubereitung: 10 min
Backen: 35 min
Level: mittel

Ofen-Cassoulet
mit Räuchertofu

ZUTATEN

2 Zwiebeln
4 Knoblauchzehen
4 Möhren
200 g Knollensellerie
50 g getrocknete Tomaten in Öl
400 g Räuchertofu
400 g weiße Bohnen, Dose
3 EL Olivenöl
800 ml Gemüsebrühe
2 Lorbeerblätter
1 TL getrockneter Thymian
½ Handvoll Petersilie, fein
    gehackt
100 g Semmelbrösel
Salz, Pfeffer aus der Mühle

Für 4 Personen

Vorbereitung: 30 min
Zubereitung: 10 min
Backen 1 Std.
Level: mittel

1 • Den Backofen auf 200°C Ober- und Unterhitze vorheizen. Zwiebeln und Knoblauch abziehen und klein würfeln. Möhren und Sellerie schälen, die Möhren längs vierteln und quer in Stücke schneiden, den Sellerie ca. 1 cm groß würfeln. Getrocknete Tomaten in kleine Stücke, den Räuchertofu in ca. 2 cm große Würfel schneiden. Die Bohnen abgießen, abbrausen und abtropfen lassen.

2 • In einem Schmortopf auf dem Herd 1 EL Öl erhitzen. Zwiebeln und Knoblauch darin hell anschwitzen.

3 • Möhren, Sellerie, Tomaten, Bohnen und Räuchertofu zugeben. Die Brühe angießen, Lorbeerblätter und Thymian untermischen und im Ofen ca. 45 Minuten garen.

4 • Petersilie und Bröseln vermengen. Den Topf aus dem Ofen nehmen, etwas Brühe mit 3 EL Bohnen abnehmen und fein pürieren. Die Mischung wieder unterrühren und alles mit Salz und Pfeffer abschmecken. Die Hälfte der Brösel-Petersilien-Mischung aufstreuen, mit dem übrigen Öl beträufeln. Das Cassoulet im Ofen weitere 10 Minuten garen. Den Backofengrill dazuschalten, die restliche Bröselmischung darauf verteilen und noch ca. 5 Minuten bräunen.

INFO

Cassoulet ist ein Eintopf der französischen Küche, der normalerweise aus weißen Bohnen, Speck, gepökeltem Schweinefleisch und Würstchen besteht.

Alphabetisches
Rezeptregister

Rezeptregister
nach Themen

REZEPTE VEGETARISCH UND VEGAN UMWANDELN

Fleisch- und wursthaltige Gerichte können durch die Verwendung von vegetarischen und veganen Ersatzprodukten leicht vegetarisch umgewandelt werden. So eignet sich Räucher-Tofu als gute Geschmacksgeber für ansonsten speckhaltige Gerichte. Auch gebratene Pilze ergeben in vielen Gerichten einen guten Fleischersatz. Ersatzprodukte gibt es in Bio-Läden, Supermärkten und Discountern

Um ein Rezept vegan zu machen, muss auch auf Zutaten wie Ei, Käse, Sahne und Brühe geachtet werden. Auch hier gibt es vegane Ersatzprodukte, Geflügel-, Fisch- und Fleischbrühen werden durch Gemüsebrühe ersetzt.

IMPRESSUM

1. Auflage

© 2023 by Bassermann Verlag, einem Unternehmen der Penguin Random House Verlagsgruppe GmbH, Neumarkter Straße 28, 81673 München

ISBN 978-3-8094-4795-5

Umschlaggestaltung: Atelier Versen, Bad Aibling
Herstellung: Franziska Polenz
Bildredaktion: Sabine Kestler
Projektleitung: Macielle Christin Montoya Barea

Bildnachweis: **AdobeStock**: 8, 9, 10, 14, 15, 20, 26, 35, 41, 52, 61, 66, 74, 75 (Papa-Recipe), 12, 23, 38, 64, (Tatyana Sidorova); **StockFood**: U1 (Krimshandl-Tauscher, Sandra), 3, 19 (Gräfe & Unzer Verlag/Hoersch, Julia), 4 (News Life Media), 6 (Schulte-Ladbeck, Stefan), 11, 68 (Immediate Media / Olive), 13 (für ZS Verlag / Walter, Alexander), 16 (für ZS Verlag / Fuchs, Ben), 21 (StockFood Studios / Neubauer, Mathias), 22, 27, 28 (Gräfe & Unzer Verlag / Lang, Coco), 25, 72 (Gräfe & Unzer Verlag / Crawford, Becca), 31 (Eising Studio - Food Photo & Video), 32, 40 (Westermann, Jan-Peter), 34 (Lehmann, Joerg), 37 (Gräfe & Unzer Verlag / Grossmann.Schuerle), 39 (Castilho, Rua), 43, 45 (Gräfe & Unzer Verlag / Neubauer, Mathias), 47 (für ZS Verlag / Neubauer, Mathias), 48, 62 (Gräfe & Unzer Verlag / Winner, Katrin), 51 (Gräfe & Unzer Verlag / Kramp + Gölling), 53 (Morgans, Gareth), 54, 71 (Gräfe & Unzer Verlag / mona binner PHOTOGRAPHIE), 57 (Gräfe & Unzer Verlag / Walsh, Nicky), 59 (StockFood Studios / Holsten, Ulrike), 65 (StockFood Studios / Brachat, Oliver), 67 (PhotoCuisine), 73 (Gräfe & Unzer Verlag / Knezevic, Silvio), 77 (Pousette, Ulrika), 79 (Krimshandl-Tauscher, Sandra), U4 (StockFood Studios / Brachat, Oliver)

Satz: Nadine Thiel, kreativsatz
Reproduktion: Lorenz+Zeller GmbH, Inning a. A.
Druck: Alföldi Nyomda Zrt., Debrecen

Printed in Hungary